LE

# TERRIBLE BONNIVET

COMÉDIE-VAUDEVILLE EN UN ACTE



PAR MM.

ALFRED DELILIA & ÉMILE SEURAT

PARIS
TRESSE & STOCK, ÉDITEURS
8, 9, 10, 11, GALERIE DU THÉATRE-FRANÇAIS
PALAIS-ROYAL
—
1885

# LE TERRIBLE BONNIVET

COMÉDIE-VAUDEVILLE EN UN ACTE

Représentée pour la première fois, au Théâtre Cluny, le 31 août 1885

**Direction MAURICE SIMON**

Imprimerie générale de Châtillon-sur-Seine. — A. Pichat.

LE

# TERRIBLE BONNIVET

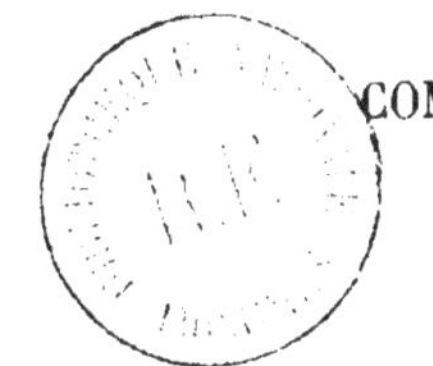

COMÉDIE-VAUDEVILLE

EN UN ACTE

PAR MM.

ALFRED DELILIA & ÉMILE SEURAT

PARIS
TRESSE & STOCK, ÉDITEURS
GALERIE DU THÉATRE-FRANÇAIS
PALAIS-ROYAL

1885

## PERSONNAGES

| | | |
|---|---|---|
| BONNIVET | MM. | MOCH. |
| THÉODORE | | LOBERTY. |
| Mme BONNIVET | Mmes | FANNY GÉNAT. |
| HÉLOISE | | GODARD. |

---

La pièce se passe à Paris.

---

Pour la mise en scène s'adresser à M. BOSCHER, régisseur du Théâtre CLUNY.

LE

# TERRIBLE BONNIVET

Une salle à manger. Porte au fond. A droite, fenêtre premier plan. Porte, deuxième plan à gauche. Porte aux premier et deuxième plans.

## SCÈNE PREMIÈRE

THÉODORE, HÉLOISE.

THÉODORE, en livrée, une botte à la main et cirant.

Voyez-vous, mademoiselle Héloïse, j'en ai assez. L'existence que je mène ici depuis huit jours est un enfer. Non, décidément non, je ne suis pas né pour être valet de chambre.

HÉLOISE.

Mais, monsieur Théodore, pourquoi avez-vous eu l'idée bizarre de prendre ce déguisement et vous êtes-vous présenté chez papa pour remplacer Joseph, qu'on venait de mettre à la porte?

THÉODORE.

Pourquoi, mademoiselle? Vous me demandez pourquoi, mais parce que je vous idolâtre, parce que je vous ai voué un de ces amours qui ne s'éteindra (Il souffle sur sa botte.) qu'avec ma vie.

HÉLOISE.

C'est une raison, cela. Mais il me semble que vous auriez pu trouver un autre moyen.

THÉODORE.

Un autre moyen ! Mais, mademoiselle, vous ignorez donc la haine implacable qui divise nos deux familles (Il souffle.) haine qui rappelle celle des Montaigus et des Capulets... Ah ! je sais mon histoire, allez ! Comment est née cette haine ? Vous le savez aussi bien que moi.

HÉLOISE.

C'est vrai !

THÉODORE.

Elle est née à propos de bottes... Mon Dieu, oui, à propos de bottes ; parce que votre père, M. Bonnivet, fabricant de chaussures vissées, brevetées s.g.d.g. eut le malheur de faire de mauvaises affaires...

HÉLOISE.

Tandis que votre père à vous, M. Monflanchart...

THÉODORE.

Etabli juste en face, réalisait une jolie fortune en confectionnant des chaussures cousues, veau de Bordeaux, garanties sur facture... Voilà l'origine de leur dissentiment...!

HÉLOISE.

Dont nous sommes innocents tous les deux.

THÉODORE.

Et dont nous souffrons cruellement.

HÉLOISE.

Oh oui !

THÉODORE.

Comprenez-vous maintenant, Héloïse, pourquoi vous aimant à la folie, comme jadis Roméo aimait Juliette, ah ! je sais mon histoire, allez, et ne pouvant sous mon véritable nom franchir ce seuil inhospitalier qui nous séparait, j'ai endossé cette livrée qui me va fort mal du reste, et je me suis présenté en qualité de valet de chambre à M. Bonnivet qui a accepté immédiatement mes services.

HÉLOISE.

Quelle imprudence !

THÉODORE.

Allons donc, M. Bonnivet ne me connaît pas, et puis, peu m'importe le danger, du moment que je peux vous voir chaque jour, vous parler en cachette... Et d'abord qu'est-ce que vous voulez qu'il me fasse, M. votre père ?

HÉLOISE.

Mais... je ne sais.

THÉODORE.

Me mettre à la porte, n'est-ce pas ? Eh bien qu'il ose, qu'il ose donc !

HÉLOISE

Que feriez-vous ?

THÉODORE.

Ce que je ferais, mademoiselle, ce que je ferais... je m'en irais immédiatement...

HÉLOISE.

Comment ?

THÉODORE.

Parce que, voyez-vous, mademoiselle, j'en ai assez. Je vous aime beaucoup, c'est vrai, mais depuis huit jours que je suis ici, sous prétexte que je m'acquitte fort mal de mon service, je suis en butte aux vexations et aux injures de votre père et quelquefois même de votre belle-maman. Je puis bien vous dire cela puisque ce n'est pas votre mère...

HÉLOISE.

Elle est aussi bonne pour moi que si elle était ma mère. Du reste elle vous défend bien souvent.

THÉODORE.

Bien souvent, vous croyez ? Enfin je sens que j'ai entrepris une tâche au-dessus de mes forces. Cette livrée me pèse. Oh ! que je voudrais être délivré de cette livrée !

HÉLOISE.

Pauvre garçon !

THÉODORE, il prend un plumeau.

Tenez, jusqu'à ce plumeau qui me semblait si agréable à manier le premier jour. Eh bien ! il m'est devenu odieux. (Il jette le plumeau.) Et puis, il y a une chose à laquelle je n'avais pas réfléchi tout d'abord.

HÉLOISE.

Quoi donc ?

THÉODORE.

Non, là, franchement... je dois vous paraître bien ridicule, avouez-le.

HÉLOISE.

Quel enfantillage !

THÉODORE.

Oh si, je sens que je perds tout mon prestige... surtout quand M. Bonnivet m'appelle idiot ou imbécile. Il est vrai que je n'ai pas de chance. Je ne sais pas comment ça se fait, mais je casse beaucoup...

HÉLOISE.

Oh ! pour ça, vous êtes d'une maladresse !

THÉODORE.

Dame, ça n'est pas toujours ma faute, mademoiselle. Quand vous me regardez, ça me trouble... et alors...

HÉLOISE.

Vous poussez des soupirs à rouiller les serrures...

THÉODORE.

Oui, je ne sais plus ce que je fais, je sers l'entrecôte avant le potage, je verse du vinaigre dans les verres à bordeaux...

HÉLOISE.

Ou vous répandez la sauce aux câpres dans le gilet de papa, comme hier...

THÉODORE.

Comme hier, c'est vrai. Ce qui m'étonne, c'est que votre père ne m'ait pas encore donné mes huit jours, comme à Joseph. Aussi pour m'éviter cette humiliation suspendue sur ma tête comme l'épée de Damoclès... Ah ! je sais mon histoire, allez ! c'est décidé, je vais quitter cette maison, mais avant...

VOIX DE BONNIVET, dans la coulisse.

Théodore ! Théodore !

THÉODORE.

Tenez, voilà que ça recommence. Voilà, monsieur, voilà !

VOIX DE BONNIVET.

Mes bottes ! où sont mes bottes, animal !

THEODORE.

Voilà, monsieur, voilà ! Avoir vingt mille francs de rentes, de quoi déjeuner au Café Anglais tous les jours et s'entendre adresser de pareilles épithètes !

VOIX DE BONNIVET, dans la coulisse.

Théodore ! Théodore !...

Théodore sort.

HÉLOISE.

Le pauvre garçon !

THÉODORE, revenant de porter les bottes.

Votre présence seule, mademoiselle, me fait supporter ces affronts. Néanmoins, je vais quitter cette maison, mais avant je vais tenter un suprême effort, et pas plus tard qu'aujourd'hui.

MADAME BONNIVET, dans la coulisse.

Théodore !

THÉODORE.

Allons! bon, voilà l'autre à présent.

HÉLOISE.

C'est belle-maman.

THÉODORE.

Je l'entends parbleu bien, voilà ! voilà !

MADAME BONNIVET, dans la coulisse.

Le couvert est-il mis ?

THÉODORE.

Je suis en train de le mettre. (Il dispose la table aidé par Héloïse.) Oh ! les maitres ! quels despotes et comme je comprends la révolte de Spartacus contre la tyrannie des Romains... Ah ! je sais mon histoire, allez !

Héloïse et Theodore placent les chaises.

HÉLOISE.

Vous disiez donc, monsieur Théodore ?

THÉODORE.

Ah oui, je disais qu'avant de partir, je vais tout avouer...

HÉLOISE, avec effroi.

A mon père ?

THÉODORE.

Non, à votre belle-maman. Elle est femme...

HÉLOÏSE.

Elle est bonne au fond.

THÉODORE.

Elle a peut-être aimé... alors elle me comprendra. Elle trouvera sans doute un moyen d'attendrir votre terrible papa. Je sais bien que ça n'est pas facile.

HÉLOÏSE.

Chut! On vient!...

Ils s'occupent à dresser le couvert.

## SCÈNE II

LES MÊMES, MADAME BONNIVET.

MADAME BONNIVET.

Eh! bien, Héloïse, que fais-tu là?

HÉLOÏSE.

Mais, belle-maman, je mets le couvert avec Théodore.

MADAME BONNIVET.

Elle trouve ça tout naturel. (Haut.) Vous savez bien, mademoiselle, que je vous ai déjà défendu de mettre le couvert avec Théodore.

HÉLOÏSE.

Mais, belle-maman!...

MADAME BONNIVET.

Il n'y a pas de belle-maman. (A part.) Ce n'est pas la première fois que je les pince. J'ouvrirai l'œil.

THÉODORE, à Héloïse.

Elle n'est pas de bonne humeur ce matin.

MADAME BONNIVET.

Théodore, allez dire à M. Bonnivet que le déjeuner est prêt.

THÉODORE, voyant entrer Bonnivet.

Le voici, madame.

## SCÈNE III

LES MÊMES, BONNIVET.

BONNIVET, un journal sous le bras et une paire de bottes à la main.

Mais, animal, vous ne pouvez donc pas prendre garde à ce que vous faites? Vous m'apportez deux bottes du même pied. A-t-on jamais vu pareille stupidité.

Il lui jette les bottes.

THÉODORE.

Voilà que ça recommence! Ah! si je me me retenais pas!... mais je me retiens.

Il porte les bottes dans la pièce voisine.

BONNIVET, s'asseyant.

Voyons un peu ce journal.

Il lit.

MADAME BONNIVET.

Allons, mon ami, à table, tu liras ton journal plus tard.

BONNIVET, lisant toujours.

Ma chère amie, je te prie de me laisser tranquille. Le journal est très intéressant ce matin. Bon! Une épidémie sur les bêtes à cornes... Il est très bien rédigé ce journal. Les annonces mêmes sont très soignées. Ne voyagez jamais sans les guides... Hein! qu'est-ce que je vois là? Ah! c'est inouï!

MADAME BONNIVET.

Mon Dieu! qu'y a-t-il?

HÉLOÏSE.

Parle donc, papa.

BONNIVET.

C'est une infamie! Ecoutez plutôt. (Il lit.) Mariages riches. Non, ce n'est pas ça, ah! voilà... « Maison Monflanchart, première maison de Paris. Spécialités de chaussures cousues, inusables. Vingt ans de succès. » On ose imprimer ces choses-là!

Théodore revient en scène.

MADAME BONNIVET.

Oui, sans doute, Monflanchart est ta bête noire, mais...

Théodore place la lampe sur la table.

BONNIVET.

Il n'y a pas de mais, c'est lui le gredin, qui nous a mis sur la paille.

MADAME BONNIVET.

Mon ami, tu exagères; je t'en prie, tais-toi! Théodore n'a pas besoin de savoir...

BONNIVET.

C'est juste!... Théodore! Allez brûler cette feuille de chou. Dès demain je me désabonne.

MADAME BONNIVET.

Voyons, mon ami, viens déjeuner, cela te calmera.

BONNIVET, se mettant à table en grommelant.

Chaussures cousues! Peuh! peuh!

MADAME BONNIVET.

Allons bon! qui est-ce qui a mis la lampe sur cette table? Il ne fait donc pas clair à onze heures du matin à présent.

HÉLOÏSE, *vivement.*

C'est moi, maman, je... c'est...

THÉODORE, *même jeu.*

C'est moi, madame. Je croyais... c'était... Hum!

MADAME BONNIVET, *à part.*

Décidément, ils s'entendent. (*Haut.*) Théodore! Apportez-moi un cousin pour mettre sous mes pieds...

BONNIVET.

Et une assiette pour que je puisse découper...

THÉODORE, *troublé.*

Voilà!

*Il met l'assiette sous les pieds de madame Bonnivet et le coussin sur la table devant madame Bonnivet.*

MADAME BONNIVET.

Ah ça! qu'est-ce qu'il fait donc?

BONNIVET.

Quel imbécile! Enlevez moi ça.

THÉODORE, *à part.*

Décidément je ne m'y ferai jamais!

*Il retire le coussin et va le placer sous les pieds de madame Bonnivet.*

BONNIVET.

Voyons, Héloïse, ton assiette.

HÉLOÏSE.

Très peu, papa, je n'ai pas faim.

MADAME BONNIVET.

Pas faim! On doit toujours avoir faim, quand c'est l'heure de déjeuner. (*A part.*) Il y a quelque chose là-dessous.

BONNIVET.

Théodore, du vin! du pain!

THÉODORE, regardant Héloïse.

Voilà !

Il verse à côté.

BONNIVET, furieux.

Ah ça, vous ne pouvez donc pas faire attention, je n'ai jamais vu un domestique aussi maladroit que ce garçon-là !

MADAME BONNIVET.

Mon ami, tu le brusques trop.

BONNIVET.

Tu l'excuses toujours. Avec tout ça, j'oublie que j'ai affaire. Voyons, quelle heure est-il ? Diable ! déjà midi passé. Héloïse, mon enfant, va chercher mon chapeau, et vous, Théodore, apportez-moi mon pardessus pendant que j'achève de déjeuner.

Ils sortent tous les deux.

## SCÈNE IV

BONNIVET, MADAME BONNIVET.

MADAME BONNIVET.

Tu ne seras pas longtemps absent, mon ami ?

BONNIVET.

Pourquoi me demandes-tu cela?

MADAME BONNIVET.

Mais je ne sais, pour savoir...

BONNIVET.

Pour savoir! Pour savoir! Eh bien! je ne serai pas longtemps. Je vais chez mon ami Coquardot pour lui emprunter quelque argent, car, tu sais que j'ai un billet à payer demain ?

MADAME BONNIVET.

C'est vrai, et tu crois que Coquardot...

BONNIVET.

Coquardot! mais il sera enchanté de me rendre ce service. Un ami de vingt ans!

MADAME BONNIVET.

Allons! dépêche-toi d'aller le trouver, car tu sais qu'il a l'habitude de sortir après déjeuner.

BONNIVET.

C'est bien, on dirait que tu as hâte de me voir partir!

MADAME BONNIVET.

Mais, mon ami, il n'y a pas cinq minutes, tu viens de me dire que tu étais pressé, et tu n'en finis pas de t'en aller.

BONNIVET.

Tu as raison... (Se lève.) Je cours chez Coquardot. J'achèverai de déjeuner une autre fois... Eh bien! et mon pardessus! Est-ce qu'ils ne vont pas bientôt revenir. (Appelant.) Théodore!

## SCÈNE V

LES MÊMES, THÉODORE, puis HÉLOISE.

THÉODORE, revenant sur ces derniers mots, troublé.

Voilà!

Il jette à Bonnivet son pardessus.

BONNIVET.

Eh bien, est-ce qu'on donne un pardessus de cette façon? Venez m'aider à le passer! On croirait, ma parole, que vous n'avez jamais servi!

THÉODORE, *à part.*

Il ne sait pas si bien dire...

HÉLOÏSE, *entrant.*

Petit père, voilà ton chapeau.

MADAME BONNIVET.

Mon Dieu, Héloïse, comme tu es rouge!

HÉLOÏSE, *balbutiant.*

Mais, belle-maman, c'est parce que j'ai couru très fort.

MADAME BONNIVET.

Pour aller chercher un chapeau dans la pièce à côté. (*A part.*) Hum! décidément, ça se complique!

BONNIVET.

Allons, je m'en vais... je n'ai que le temps... (*Maugréant.*) Chaussures cousues!... Oh!...

*Il sort.*

MADAME BONNIVET.

Le voilà parti! C'est fort heureux!... Théodore! Vous me servirez mon café dans ma chambre.

THÉODORE.

Bien, madame.

MADAME BONNIVET.

Quant à vous, Héloïse, rentrez chez vous.

*Elle sort*

HÉLOÏSE.

Oui, maman.

*Elle fait semblant de s'éloigner.*

## SCÈNE VI

THÉODORE, HÉLOISE.

THÉODORE.

Eh bien, mademoiselle, vous avez vu comme ils m'ont traité. Les injures, les menaces, rien ne leur coûte.

HÉLOÏSE.

J'ai bien entendu.

THÉODORE.

Je vous l'ai dit, je vais tout avouer à madame Bonnivet.

HÉLOÏSE.

Oui, mais si elle refuse de parler en votre faveur... ?

THÉODORE.

Oh ! je la supplierai tant...

HÉLOÏSE.

Mais enfin, si elle ne parvient pas à fléchir mon père ; que ferez-vous ?

THÉODORE.

Alors, je n'hésiterai pas, je vous enlèverai...

HÉLOÏSE.

Oh ! monsieur Théodore !

THÉODORE.

Ne craignez rien, mademoiselle, je ne suis pas un de ces séducteurs vulgaires qui jonglent avec la vertu des jeunes filles. Je suis un honnête homme, moi. Je vous épouserai secrètement... en Angleterre...

HÉLOÏSE.

On dit que ces mariages-là ne sont pas valables..

THÉODORE.

Ça m'est égal, nous irons autre part, en Amérique, s'il le faut. En attendant, je vais essayer d'attendrir madame Bonnivet. Justement j'entends du bruit. C'est elle sans doute, sauvez-vous vite pour qu'elle ne nous voie pas ensemble.

Héloïse sort.

## SCÈNE VII

THÉODORE, MADAME BONNIVET.

MADAME BONNIVET.

Eh bien, et ce café, Théodore?

THÉODORE, solennel.

Le café, il s'agit bien de café, madame.

MADAME BONNIVET.

Comment? Quel est ce ton?

THÉODORE, avec mystère.

Madame, je vais vous dévoiler des choses qui vont vous renverser.

MADAME BONNIVET.

Mon Dieu! que va-t-il m'apprendre? Ah! est-ce que vous auriez cassé le compotier doré?

THÉODORE.

Le compotier! Quel compotier?

MADAME BONNIVET.

Alors c'est probablement le service à thé en porcelaine de Chine?

THÉODORE.

Non, madame, rassurez-vous, il n'y a rien de cassé...

MADAME BONNIVET.

Alors, parlez, vous voyez que je suis sur les épines.

THÉODORE.

Madame, je suis amoureux...

MADAME BONNIVET.

Hein ! Qu'est-ce que ça peut me faire ? Est-ce que vos amourettes m'intéressent ?

THÉODORE.

Parfaitement, madame, puisque celle que j'aime c'est mademoiselle Héloïse.

MADAME BONNIVET.

Héloïse !

THÉODORE.

Oui.

MADAME BONNIVET.

Eh bien, je m'en doutais. Ah ! vous aimez Héloïse.

THÉODORE.

Oui, madame.

MADAME BONNIVET.

Vous, un simple domestique, vous avez jeté les yeux sur ma belle-fille.

THÉODORE, même jeu.

Oui, madame ; mais je...

MADAME BONNIVET, l'interrompant.

Ainsi depuis huit jours que vous êtes dans cette maison, sans pudeur pour cette livrée que vous venez de déshonorer, oui, monsieur, déshonorer !... vous n'avez eu qu'un seul but : séduire une enfant innocente et pure.

THÉODORE, même jeu.

Oui, madame! c'est-à-dire, non, je...

MADAME BONNIVET, s'interrompant.

Et vous croyez réparer votre infâme conduite en venant me dire: madame, j'aime mademoiselle Héloïse, donnez-la moi en mariage, car c'est là où vous voulez en venir?... Ce serait par trop commode!

THÉODORE.

Arrêtez, madame, arrêtez, je ne suis pas ce que vous croyez, je ne suis pas un domestique.

MADAME BONNIVET, surprise.

Vous n'êtes pas un domestique! Qui êtes-vous alors?

THÉODORE.

Qui je suis? Mais... (A part.) Diable, comment lui dire?

MADAME BONNIVET.

Voyons, expliquez-vous?

THÉODORE.

Madame, il est cruel d'avouer ces choses-là, mais en ce moment j'aimerais mieux être un obscur valet que ce que je suis.

MADAME BONNIVET.

Je ne comprends pas...

THÉODORE.

J'aurais peut-être plus de chance d'obtenir la main de celle que j'aime.

MADAME BONNIVET.

Que dit-il? (A part.) J'ai peur de comprendre. (Haut.) Vous n'êtes pas un domestique! Mais alors ce costume... dans quel but?

THÉODORE.

Eh bien, madame, je suis...

MADAME BONNIVET.

Vous êtes?...

THÉODORE, baissant la tête.

Théodore Monflanchart.

MADAME BONNIVET.

Le fils de Monflanchart, l'instrument de notre ruine.

THÉODORE.

Lui-même!!!

MADAME BONNIVET.

Comment... vous ici! Un Monflanchart dans cette maison. Un Monflanchart amoureux d'une Bonnivet. Ah! monsieur, vous n'avez jamais pu croire qu'un pareil mariage fût possible. La chaussure vissée ne peut rien avoir de commun avec la chaussure cousue... ce serait monstrueux! Sortez, monsieur, sortez d'ici et félicitez-vous que M. Bonnivet soit absent; car s'il eût été là, je ne sais à quelle extrémité il se serait porté.

THÉODORE.

Madame, calmez-vous, de grâce, et écoutez-moi.

MADAME BONNIVET.

Je n'entendrai rien.

THÉODORE.

Je vous en prie... il s'agit non seulement de mon bonheur à moi, mais aussi de celui de mademoiselle Héloïse. Car elle m'aime, madame, elle me l'a dit.

MADAME BONNIVET.

C'est une petite sotte! Et puis, quand cela serait vrai, avez-vous donc oublié tout le mal que votre père nous a fait?

THÉODORE.

Non, madame, je ne l'ai pas oublié : je sais fort bien que mon père a très mal agi à votre égard... (A part.) Tant pis! je lâche papa.

MADAME BONNIVET.

Il a causé notre ruine...

THÉODORE.

Il a causé votre ruine...

MADAME BONNIVET.

C'est un misérable !

THÉODORE, a part.

Flattons son dada... (Haut ) Mieux que ça, madame, c'est un chenapan, un affreux gredin ! Et je le renie. Êtes-vous satisfaite ?

MADAME BONNIVET.

Oui, monsieur, c'est-à-dire... non, monsieur.

THÉODORE.

Pas encore. Eh bien, écoutez-moi, je vous offre de réparer entièrement l'indigne conduite de mon auteur.

MADAME BONNIVET.

Ah ! bah ! Et par quel moyen, monsieur ?

THÉODORE.

C'est bien simple, en épousant votre belle-fille...

MADAME BONNIVET.

C'est là votre moyen, eh bien, il est joli...

THÉODORE.

Attendez donc, ce n'est pas tout. Je dépose en même temps à ses pieds vingt mille francs de rentes, qui sont ma fortune personnelle.

MADAME BONNIVET, à part.

Vingt mille francs de rentes ! Tiens, tiens ! Donnez-vous donc la peine de vous asseoir, monsieur Théodore.

THÉODORE, s'asseyant.

Je ne demande pas mieux, je suis debout depuis ce matin.

MADAME BONNIVET, s'asseyant aussi.

Vous disiez donc, cher monsieur, que votre moyen...

THÉODORE.

Consiste à offrir à mademoiselle Héloïse Bonnivet ma main agrémentée de mes revenus.

MADAME BONNIVET.

Eh bien, mais il n'est pas mauvais du tout ce moyen-là, je dirais même plus, il est excellent et je l'approuve entièrement.

THÉODORE.

Ah! madame, que vous êtes bonne!

MADAME BONNIVET.

Mais il s'agit de savoir ce qu'en pensera M. Bonnivet, et vous savez s'il a la tête montée.

THÉODORE, suppliant.

Oh oui, je le sais, c'est un homme terrible que M. Bonnivet. Mais intercédez pour moi; expliquez-lui qu'il y va du bonheur de sa fille, du sien même, et peut-être consentira-t-il... Faites cela, madame, je vous en supplie, à genoux.

Il se met à genoux.

MADAME BONNIVET.

Eh bien, que faites-vous, monsieur? Voulez-vous vous relever bien vite.

THÉODORE, à genoux.

Pas avant que vous m'ayez promis d'intercéder auprès de votre mari.

MADAME BONNIVET.

Eh bien, monsieur Théodore, je vous promets d'essayer, et si cela est possible... (Bonnivet ouvre la porte et apparaît.) Ciel! mon mari!

THÉODORE, recevant un coup de pied au bas des reins.

Lui! Ah! mon Dieu!

Il se sauve en courant.

## SCENE VIII

BONNIVET, MADAME BONNIVET.

BONNIVET.

Qu'ai-je vu! Théodore aux pieds de ma femme! Voilà donc, madame, pourquoi vous me demandiez tantôt combien de temps je resterais absent.

MADAME BONNIVET, embarrassée.

Mais, mon ami...

BONNIVET.

Je comprends maintenant votre impatience à me voir partir.

MADAME BONNIVET, à part.

Comment lui expliquer. (Haut.) Voyons, mon ami, tu penserais...

BONNIVET.

N'espérez pas me donner le change, madame, j'ai vu un homme à vos genoux, et quel homme? Un laquais! C'est une situation qui existe en vers dans un drame de Victor Hugo, mais que je ne saurais tolérer en prose chez moi, entendez-vous, madame?

MADAME BONNIVET.

Edgard, ne me juge pas sur des apparences aussi légères...

BONNIVET.

Aussi légères! mais c'est vous que je trouve légère!

MADAME BONNIVET, à part.

Comment me tirer de là. (Haut.) Tu sais, on croit, quelquefois voir une chose, et puis on se trompe...

BONNIVET.

Je ne sais pas si je me trompe, mais en tout cas, je ne veux pas être trompé. Ainsi donc ne cherchez pas à vous disculper. C'est inutile, rentrez chez vous, je vous prie, quant à moi, je sais ce qui me reste à faire.

MADAME BONNIVET, à part.

Décidément il est trop en colère, je reviendrai tout à l'heure, quand il sera plus calme.

Elle sort.

## SCÈNE IX

BONNIVET, puis THÉODORE.

BONNIVET.

Se voir trompé après onze années de mariage! Et par qui? Par un valet! Voilà des choses qui n'arrivent qu'à moi et à la Comédie Française... Mais ne perdons pas de temps... A son complice maintenant... (Appelant.) Théodore! Théodore! Qu'est-ce que je vais bien lui faire à ce misérable? Quel supplice vais-je inventer pour lui? Il ne vient pas. (Appelant.) Théodore! Enfin le voici! Du calme, Bonnivet, du calme!

THÉODORE, entrant, à part.

Madame Bonnivet lui a-t-elle parlé, oui ou non! Sait-il quelque chose? ne sait-il rien?

BONNIVET, brusque.

Vous ne pouvez donc pas répondre quand on vous appelle?

THÉODORE.

Vous savez, je suis un peu dur d'oreille...

BONNIVET.

Regardez-moi cet air niais!

THÉODORE, à part.

Qu'est-ce qu'il dit?

BONNIVET.

Quand je pense que j'ai vu cet idiot aux pieds de ma femme! Ah! j'enrage!

THÉODORE, à part.

Ah ça! qu'est-ce qu'il dit?

BONNIVET, à part.

Allons, Bonnivet, sois calme. (Haut.) Ecoutez-moi bien, imbécile, il est inutile de feindre...

THÉODORE, à part.

Elle a parlé, il sait tout.

BONNIVET.

Ainsi vous êtes venu apporter dans un ménage paisible, dans un intérieur tranquille le trouble et la discorde?...

THÉODORE, à part.

Elle lui a tout avoué! (Haut.) Hum! monsieur...

BONNIVET.

Ne m'interrompez pas. Il ne vous a pas suffi d'être le plus stupide des domestiques...

THÉODORE, à part.

Domestique! Mais il ne sait rien!

BONNIVET.

Vous avez profité de votre séjour dans cette maison pour y étaler vos vices et vos passions.

THÉODORE, à part.

Est-ce qu'il saurait quelque chose! (Haut.) Monsieur...

BONNIVET.

Ne prenez pas cet air bête qui vous est habituel... vous me comprenez parfaitement. Si vous étiez un homme de mon rang, au lieu d'être un laquais, vous me rendriez raison sur-le-champ.

THÉODORE, *à part.*

Ah çà! mais il ne sait rien!

BONNIVET.

Mais quand un laquais se permet ce que vous vous êtes permis à mon égard, on le flanque honteusement à la porte.

THÉODORE, *se fâchant.*

Des gros mots à présent! Ah! c'en est trop, je déborde...

BONNIVET.

Qu'est-ce que c'est?

THÉODORE, *avec animation.*

Puisque, paraît-il, madame Bonnivet ne vous l'a pas dit, je dois vous l'apprendre, monsieur, je ne suis pas ce que vous croyez.

BONNIVET.

Mais alors que signifie?...

THÉODORE.

Cela signifie, monsieur, que je suis votre égal, et que si je me suis introduit dans cette maison, sous cette livrée, c'était, je l'avoue, pour me rapprocher de celle que j'aime.

BONNIVET.

Le misérable! Il a le front de l'avouer!

THÉODORE.

C'était pour la voir et lui parler tous les jours.

BONNIVET.

Quel toupet! Me dire ces choses-là à moi!

THÉODORE.

Je sais bien, monsieur, que vous avez le droit de vous en formaliser.

BONNIVET.

Il le reconnait... c'est fort heureux !

THÉODORE.

Aussi je vous offre toute espèce de réparation...

BONNIVET.

Théodore!...

THÉODORE.

Il n'y a plus de Théodore ! je suis M. Théodore.

BONNIVET.

Eh bien, monsieur Théodore, je crois qu'il est inutile de prolonger cette discussion. Sortez, mais, puisque vous êtes un homme de ma condition, je consens à me couper la gorge avec vous, et j'espère que vous me ferez l'honneur de m'envoyer vos témoins. (A part.) Je partirai ce soir à la campagne.

THÉODORE, avec dignité.

Vous pouvez y compter, monsieur. (A part.) Tu peux les attendre longtemps.

Il sort.

## SCÈNE X

BONNIVET, seul.

Ah ! mon Dieu que d'événements depuis une demi-heure! qu'est-ce que tout cela veut dire ? Voyons, récapitulons : Je surprends ma femme aux pieds... non, c'est le contraire, mon domestique aux pieds de ma femme, et ce domestique qui n'est pas un domestique m'avoue avec effronterie qu'il n'a pénétré chez moi, que pour séduire ma femme. Quel gâchis! mon Dieu, quel gâchis! Heureusement que je me suis aperçu à temps de la chose. Ah! voilà! m'en suis-je aperçu à temps! Et pour comble de malheur, cette échéance de demain! Je n'ai pu trouver un centime. Coquardot m'a refusé net. Oh! les amis! Enfin, me voilà dans une jolie situation! Un billet à payer demain; un duel avec mon ex-valet de chambre, ma femme qui... Mon Dieu! pourvu que je m'en sois aperçu à temps! Comment le savoir? Ah! une idée! Si, par des questions aussi adroites qu'insidieuses, je tâchais de m'informer... Voyons d'abord ma femme!

Il sort.

## SCÈNE XI

THÉODORE, puis HÉLOISE.

THÉODORE, il a quitté sa livrée et entr'ouvre doucement la porte.

Il n'est plus là!... (Tristement.) Eh bien, c'est fini! Ma combinaison, ma dernière espérance a raté, je suis évincé... On me met à la porte... Je n'ai plus qu'une chose à faire, c'est de filer. Mais auparavant, je veux dire un dernier adieu à celle que j'aime. (Il frappe à la porte.) Mademoiselle Héloïse, c'est moi.

HÉLOÏSE, ouvrant la porte.

C'est vous, monsieur Théodore? Tiens, vous avez quitté cette vilaine livrée.

THÉODORE.

N'est-ce pas que je suis mieux comme ça?

HÉLOÏSE.

Oh! je crois bien. Eh bien, vous avez vu belle-maman?

THÉODORE, secouant tristement la tête.

Oui...

HÉLOÏSE.

Et vous lui avez tout dit?

THÉODORE, même jeu.

Oui...

HÉLOÏSE.

Et elle vous a promis d'intercéder pour vous auprès de mon père.

THÉODORE, même jeu.

Oui...

HÉLOÏSE.

Eh bien, l'a-t-elle déjà fait?

THÉODORE, même jeu.

Oui...

HÉLOÏSE.

Et mon père?...

THÉODORE, avec tristesse.

Hélas, mademoiselle!

HÉLOÏSE.

Il a refusé?...

THÉODORE.

Carrément! Mieux que cela... Il a vu dans ma présence ici, dans mon amour pour vous une insulte personnelle et il veut se battre avec moi.

HÉLOÏSE.

Quelle folie! mais il perd la tête!

THÉODORE.

Dame, ça se pourrait bien, puisqu'il veut que je lui rende raison.

HÉLOÏSE.

Monsieur Théodore, je vous défends de vous battre avec papa.

THÉODORE.

Oh ! je n'y tiens pas plus que ça.

HÉLOÏSE.

Je trouverai un moyen... oui, c'est cela, je vais lui parler moi-même.

THÉODORE.

Si vous saviez dans quel état il est ! Il est comme un crin.

HÉLOÏSE.

Ça ne fait rien. Tenez, cachez-vous là dans cette chambre et attendez, justement je l'entends.... Allons, bon, il est avec ma belle-maman. Je lui parlerai tout à l'heure.

*Ils sortent par des portes différentes.*

## SCÈNE XII

BONNIVET, MADAME BONNIVET.

BONNIVET.

Enfin je vous trouve, madame, voilà un quart d'heure que je cours après vous.

MADAME BONNIVET.

C'est comme moi, j'ai justement à causer avec vous au sujet de Théodore.

BONNIVET

Allons, madame, il est inutile de continuer plus longtemps cette comédie, vous savez aussi bien que moi que ce Théodore n'est pas un domestique... Il m'a tout avoué !

MADAME BONNIVET.

Ah! il vous a tout avoué et alors.....

BONNIVET.

Alors je l'ai flanqué à la porte et demain à la première heure il attendra mes témoins et j'attendrai les siens.

MADAME BONNIVET.

Qu'entends-je?... Comment, tu vas te battre en duel. Ça n'est pas sérieux! Voyons, il vaut mieux lui pardonner.

BONNIVET.

Lui pardonner! Ah ça! madame, y songez-vous?

MADAME BONNIVET.

Mais, mon ami, il est des circonstances dans la vie, où il faut savoir passer sur certaines choses...

BONNIVET, indigné.

Madame, prenez garde!...

MADAME BONNIVET, à part.

Ah ça! il est enragé. (Haut.) Mais enfin, songe donc que ce garçon est riche, très riche et que dans la situation où nous nous trouvons, c'est un homme précieux...

BONNIVET.

Ah! ceci est le comble!

MADAME BONNIVET.

Entre nous, tu es trop rigide... Voyons, raisonne un peu, et tu verras que tu aurais bien tort de refuser un dédommagement... qui t'est dû et que tu as bien mérité.

BONNIVET.

Un dédommagement! mais c'est à se briser la tête contre les murs... Oh! il me faut sa vie; il me la faut!

2.

MADAME BONNIVET, *à part.*

Oh! mais mon mari est devenu fou. (*Haut.*) Voyons, mon ami, est-ce que tu serais malade, où souffres-tu? Au cœur?... A la tête?

BONNIVET, *furieux.*

A la tête!... Madame, taisez-vous!... Tenez-vous me faites horreur!

MADAME BONNIVET, *se fâchant.*

Ah ça! monsieur Bonnivet, vous commencez à m'impatienter avec votre fureur... Assurément je n'ignore pas que le moyen employé par ce jeune homme pour se rapprocher de l'objet de sa flamme est assez risqué, mais enfin le cas n'est pas pendable, après tout l'amour excuse bien des choses.

BONNIVET.

Vous trouvez?

MADAME BONNIVET.

Et le mariage rachète tout...

BONNIVET.

Le mariage! Comment le mariage!... mais, madame, quand on est déjà marié on ne peut pas contracter de nouveaux liens; c'est de la bigamie, cela!

MADAME BONNIVET.

Hein! Il serait déjà marié, le misérable!

BONNIVET.

Qui ça?...

MADAME BONNIVET.

Mais Théodore, probablement!...

BONNIVET.

Je n'en sais rien... Il n'est pas question de lui... C'est de vous que je parle.

MADAME BONNIVET.

De moi! Ah ça! mais nous ne nous entendons pas du

tout... Moi, je vous parle de Théodore qui adore votre fille.

BONNIVET.

Comment ! c'est Héloïse qu'il aime ?

MADAME BONNIVET.

Qu'est-ce que vous vous étiez donc imaginé ?

BONNIVET, ahuri.

Moi, je... Alors comment se fait-il que je l'ai trouvé à tes genoux en rentrant ?...

MADAME BONNIVET.

Rien de plus simple. Il me suppliait d'être son interprète auprès de toi et de te demander la main d'Héloïse.

BONNIVET.

Ah ! c'est... Tiens, moi qui... Oh !...

MADAME BONNIVET.

Sapristi ! qu'est-ce que tu as ?.. Est-ce que ça te reprend ?

BONNIVET.

Rien... c'est fini...

MADAME BONNIVET.

Alors qu'as-tu à répondre à cette proposition matrimoniale ?...

BONNIVET.

Dame !... si ces enfants s'aiment...

MADAME BONNIVET.

Ils s'adorent.

BONNIVET.

Et, si Théodore possède une fortune raisonnable...

MADAME BONNIVET.

Je t'ai déjà dit qu'il était riche... Il a vingt mille francs de rentes.

BONNIVET.

Vingt mille francs de rentes... Alors, je n'ai plus de motif pour refuser mon consentement.

MADAME BONNIVET.

Du reste, je vais aller le chercher.

Elle sort.

## SCÈNE XIII

BONNIVET, seul.

Ouf!.. Ça ne fait rien, j'ai comme un poids de moins sur l'estomac.. Ma femme est pure, et j'ai trouvé un gendre qui va me débarrasser de ma fille. Ah! le voici!... Excellent jeune homme!...

## SCÈNE XIV

BONNIVET, MADAME BONIVET, THÉODORE.

MADAME BONNIVET.

Donnez-vous donc la peine d'entrer, monsieur Théodore.

THÉODORE, s'avançant timidement.

Dame! c'est que...

BONNIVET.

Ne craignez rien. (A part.) Quelle timidité! (Haut.) Comment, monsieur, c'est ma fille que vous aimez, et vous ne le disiez pas!

THÉODORE.

Je vous demande pardon, je vous l'ai dit... mais il paraît qu'il y a eu un malentendu entre nous. Vous aviez compris que...

BONNIVET.

Mon Dieu, oui...

THÉODORE.

Mais il n'en est rien, monsieur.

BONNIVET, se carrant.

Fort heureusement, monsieur!

THÉODORE.

Et c'est la main de mademoiselle votre fille que j'ai l'honneur de vous demander.

BONNIVET.

Je suis très flatté, excessivement flatté, mon cher monsieur, et si ma fille a quelque penchant pour vous, je crois que vous avez des chances pour que je vous l'accorde, mais auparavant ,vous me permettrez de vous faire une toute petite observation.

THÉODORE.

Mais faites donc!

BONNIVET, riant.

Pourquoi diable avez-vous eu l'idée de vous transformer en... larbin, au lieu de venir simplement... naturellement... me dire, comme vous venez de le faire à l'instant : Monsieur, j'aime votre fille et je vous demande sa main ?

MADAME BONNIVET, à part.

Aïe !... Voici l'instant critique.

THÉODORE, embarrassé.

Pourquoi... je... ah oui !... Hum !...

BONNIVET.

Eh bien ! vous ne répondez pas ?

THÉODORE.

Si, si... Oh ! mon Dieu, c'est bien simple. Voilà !... je m'étais dit : Il faut trouver un moyen original... Parce que vous savez... Il n'y a rien de bête... comme un beau-père...

BONNIVET.

Comment ?

THÉODORE.

Non ! ça n'est pas ça...

MADAME BONNIVET, à part.

Il ne pourra jamais en sortir.

THÉODORE.

Je veux dire que lorsqu'on aime un père... dont la fille... ce n'est pas encore ça...

MADAME BONNIVET.

Ecoute bien, mon ami, je vais tout t'expliquer. Ce jeune homme a le malheur de porter un de ces noms qui... un de ces noms que... (A part.) Ah ! c'est très embarrassant.

BONNIVET.

Qu'est-ce que vous me chantez là avec vos qui... que...

MADAME BONNIVET.

Puisqu'il faut te le dire, M. Théodore s'appelle de son nom de famille Monflanchart, voilà !

BONNIVET, en rage.

Monflanchart !... Comment ! c'est le fils de ce brigand, de ce misérable...

MADAME BONNIVET.

Mon ami, calme-toi ! (A part.) Le voilà reparti !

BONNIVET.

Me calmer ! jamais !... Il n'aura pas ma fille, je lui retire ma fille !

THÉODORE, à part.

Patatras ! je m'en doutais.

Il fait mine de s'en aller.

MADAME BONNIVET, l'arrêtant.

Restez, monsieur Théodore ! (A Bonnivet.) Voyons, tu n'as donc rien là ?... Comment ce jeune homme nous rend la fortune que son père nous a escamotée... et tu aurais le cœur de lui refuser ta fille ?...

BONNIVET.

Comment il nous rend... (A Théodore.) Vous rendez l'argent... comme la maison qui n'est pas au coin du quai ?

THÉODORE.

Moi !... je... oui...

MADAME BONNIVET.

Puisqu'il met ses vingt mille francs de rentes dans la corbeille...

BONNIVET.

Mais ça n'est pas absolument la même chose.

MADAME BONNIVET.

C'est une façon détournée, et puis ça rentre toujours dans la famille.

BONNIVET.

C'est juste, ainsi, tu crois qu'il faut tout oublier ?

MADAME BONNIVET.

Sans doute.

BONNIVET.

Alors, dans mes bras, mon gendre. Je vous redonne ma fille.

## SCÈNE XV

LES MÊMES, HÉLOISE.

HÉLOISE, *timidement.*

Peut-on entrer ?

THÉODORE, *courant vers elle.*

Chère Héloïse, tout est arrangé.

BONNIVET.

Oui, mon enfant, et je te permets d'embrasser ton prétendu... (*A part.*) Ah !... Et mon billet? (*Il parle bas à l'oreille de Théodore. — Haut.*) Alors, je peux compter sur vous ?

THÉODORE.

Mais certainement, beau-père.

BONNIVET.

Ouf ! je respire !... Maintenant, mon ami, un petit conseil avant d'entrer en ménage... Tâchez de vous montrer meilleur mari que domestique... Car, entre nous, votre service laissait joliment à désirer.



Rideau.

Imprimerie générale de Chatillon-sur-Seine. — A. Pichat.

# DERNIÈRES PIÈCES PUBLIÉES

| | fr. | c. |
|---|---|---|
| Tabarin, o. 2 a. | 1 | » |
| Les petites Godin, c. 3 a. | 2 | » |
| Le Grand Mogol, opéra-bouffe, 4 a. | 1 | » |
| Le Chevalier Mignon, o. c. 3 a. | 2 | » |
| Babolin, o. c. 3 a. | 2 | » |
| Carnot, d. 5 a | 2 | » |
| Ki-ki-ri-ki, japoniaiserie, 1 a. | 1 | » |
| Un mariage à la course, c. 3 a. | 2 | » |
| Jemmapes, d. 4 a. | 2 | » |
| Au bord du fossé, c. 1 a. | 1 | » |
| Un nuage dans un ciel bleu, c. v. 1 a. | 1 | 50 |
| La Pâquerette, c. 1 a. en v. | 1 | 50 |
| Pedro de Zalaméa, o. 4 a. | 1 | » |
| Fanfreluche, o. c. 3 a. | 2 | » |
| Maître et valets, c. 1 a. en v. | 1 | » |
| Placet au roi, c. 1 a. en v. | 1 | 50 |
| Mam'zelle Réséda, opérette, 1 a. | 1 | 50 |
| On demande un quatorzième, v. 1 a. | 1 | 50 |
| L'ami d'Oscar, o. c. 1 a. | 1 | 50 |
| Gillette de Narbonne, o. c. 3 a. | 2 | » |
| Fanfan-la-Tulipe, o. c. 3 a. | 2 | » |
| Le cœur et la main, o. c. 3 a. | 2 | » |
| Il ne faut pas dire : fontaine... pièce 1 a. | 1 | » |
| L'amoureux dépit, opérette, 1 a. | 1 | » |
| Lorelley, lég. symph. en 3 parties | 1 | » |
| Les papillotes, c. 1 a. en vers | 1 | 50 |
| Les deux patries, d. 5 a. | 1 | » |
| L'oiseau de proie, d. 5 a. | 2 | » |
| Le tribut de Zamora, o. 4 a | 2 | » |

| | fr. | c. |
|---|---|---|
| Racine à Port-Royal, c. 1 a. | 1 | » |
| La flamboyante, c. 3 a. | 2 | » |
| Manon, o. c. 5 a. | 1 | » |
| Corneille et Richelieu, c. 1 a. en vers | 1 | » |
| Diana, d. 5 a. | 2 | » |
| La dormeuse éveillée, o. c. 3 a. | 2 | » |
| Le roi de carreau, o. c. 3 a. | 2 | » |
| La nuit de noces de P. L. M., c. 1 a. | 1 | » |
| L'affaire de Viroflay, c. 3 a. | 2 | » |
| Les grands enfants, c. 3 a. | 2 | » |
| Saute Marquis ! o. c. 1 a. | 1 | » |
| Madame est jalouse, c. 1 a | 1 | 50 |
| Le cousin de Rosette, c. v. 1 a. | 1 | 50 |
| Kléber, d. 5 a. | 2 | » |
| L'heure du berger, c. v. 3 a | 2 | » |
| Les honnêtes femmes, c. 1 a. | 1 | 50 |
| Les Corbeaux, c. 4 a. (in-8) | 4 | » |
| Ambra ! d. 5 a. en v. (in-8) | 4 | » |
| La Navette, c. 1 a. | 1 | 50 |
| Henry VIII, o. 4 a. | 1 | » |
| Le droit d'aînesse, o.-b. 3 a. | 2 | » |
| Le Truc d'Arthur, c. 3 a. | 2 | » |
| Coquelicot, o. c. 3 a. | 2 | » |
| Galante Aventure, o. c. 3 a. | 1 | 50 |
| Marcel, d. 1 a. en v. | 1 | » |
| Suite de valses, c. 1 a. | 1 | » |
| Sardanapale, o. 3 a. | 1 | » |
| La 3,333e recette, pièce 1 a. | 1 | 50 |
| La faim, d. 1 a. | 1 | 50 |
| Hérodiade, o. 4 a. | 1 | » |
| Les Locataires de M. Blondeau, c. 5 a. | 2 | » |
| Les Mousquetaires au Couvent, o. c. 3 a. | 2 | » |
| La mascotte, o. c. 3 a. | 2 | » |
| Le lapin, c. 3 a. | 2 | » |
| L'article 7, c. 3 a. | 1 | » |

| | fr. | c. |
|---|---|---|
| L'oiseau bleu, o. c. 3 a. | 2 | » |
| Sigurd, o. 4 a. | 1 | » |
| Madame Boniface, o. c. 3 a. | 2 | » |
| La vie facile, c. 3 a. | 2 | » |
| Le bel Armand, c. 3 a. | 2 | » |
| Le Parisien, c. 3 a. | 2 | » |
| Madame Favart, o. c. 3 a | 2 | » |
| Les Boussigneul, v. 3 a. | 2 | » |
| Le bouquet de violettes, o. c. 1 a. | 1 | 50 |
| Le huis clos, c. 1 a. | 1 | 50 |
| Les Femmes qui fument, c. 1 a. | 1 | 50 |
| Mathias Corvin, o. c. 1 a. | 1 | » |
| Le consolateur, c. 1 a. | 1 | 50 |
| Les Parisiens en province, c. 4 a. | 2 | » |
| Le Téléphone, v. 1 a. | 1 | 50 |
| Honneur et Patrie, d. 5 a. | 2 | » |
| Les pommes d'or, opér. féerie, en 3 a. 12 tab. | 2 | » |
| Deux orages !, c. 1 a. | 1 | » |
| La princesse des Canaries, o. b. 3 a. | 2 | » |
| Le réveil de Vénus, c. 3 a. | 2 | » |
| L'irrésistible, c. 1 a. | 1 | 50 |
| La parole de Birbansac, c. 1 a. | 1 | 50 |
| Une aventure de Garrick, c. 1 a. en v. | 1 | 50 |
| Par procuration, c. 1 a. | 1 | » |
| L'indiscrète, c. 1 a. | 1 | 50 |
| Mimi-Pinson, v. op. 3 a. | 2 | » |
| Trois pierrots, v. 1 a. | 1 | 50 |
| Les fiançailles de M. Tom, c. [illegible] a. | 1 | » |
| La rue Bouleau, c. 3 a. | 2 | » |
| L'Amour Médecin, o. c. 3 a. | 1 | » |
| Nos députés en robes de chambre, c. 5 a. | 2 | » |
| Casse-Museau, d. 5 a. | 2 | » |
| La villa Blancmignon, c. 4 a. | 2 | » |
| Lequel ? c. 3 a. | 1 | |

Paris — Imprimerie G. Rougier et Cie, rue Cassette, 1.

www.ingramcontent.com/pod-product-compliance
Ingram Content Group UK Ltd.
Pitfield, Milton Keynes, MK11 3LW, UK
UKHW021955260726
13994UKWH00004B/1767

9 782329 383767